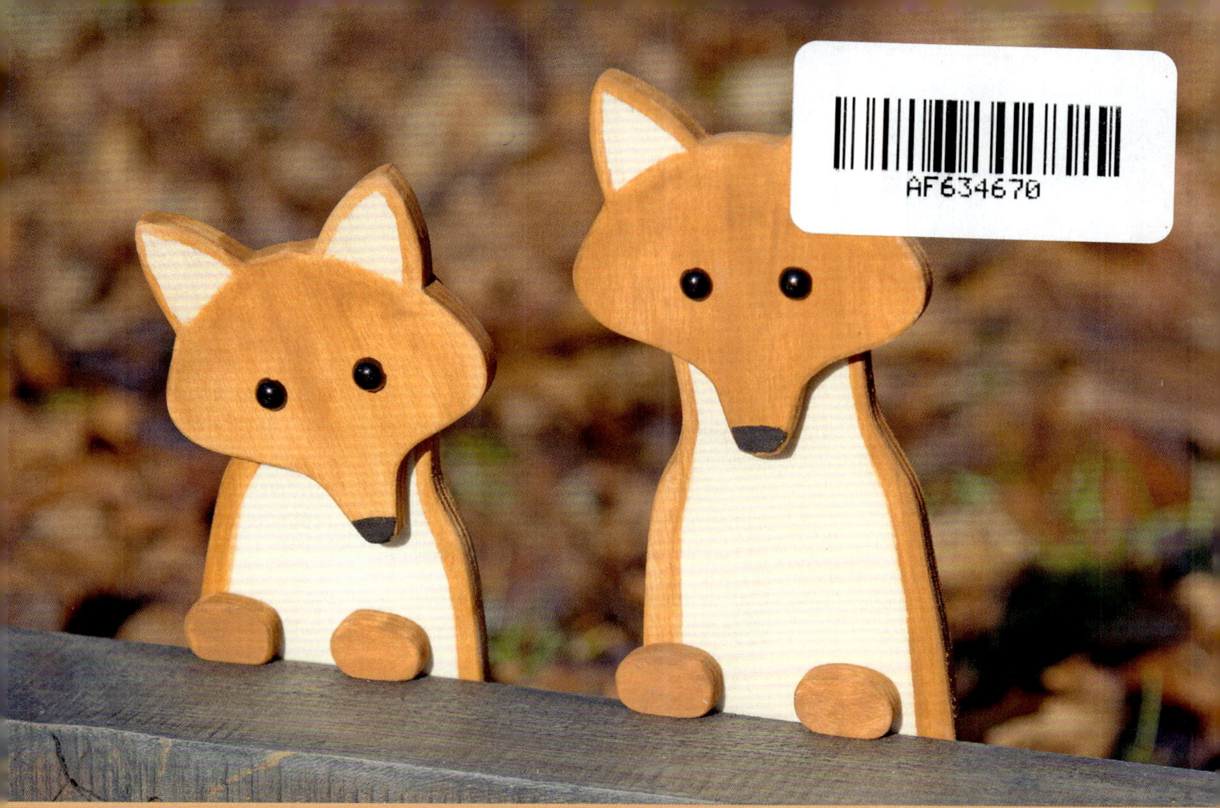

Holz ist nicht nur eines der beliebtesten Materialien zum kreativen Gestalten, es entwickelt gerade in Kombination mit Tiermotiven einen ganz besonderen Charme und bringt die Natur zu Ihnen nach Hause. Von der niedlichen Igelfamilie über majestätische Elche bis hin zu frechen Füchsen hält dieses Buch für jeden das passende Motiv bereit. Und das Praktischste ist: Jedes Tier bringt seine Bühne gleich mit!

Sie brauchen nur Sperrholz, eine Dekupiersäge, Steckdraht und Holzpfosten und schon kann es losgehen. Orientieren Sie sich an meinen Tierensembles oder stellen Sie sich ganz eigene kleine oder große Tierfamilien zusammen. Ihrer Fantasie sind keine Grenzen gesetzt!

Mit diesen bezaubernden Motiven holen Sie sich für jede Jahreszeit garantiert die richtige Dekoration nach Hause. Genaue Anleitungen und Vorlagen in Originalgröße machen das Nacharbeiten ganz einfach.

Viel Freude beim kreativen Gestalten wünscht Ihnen

Ihr

Gänsefamilie

Willkommen, Frühling!

MOTIVHÖHE
Gänseküken ca. 11 cm

Gänse ca. 15 cm, 27 cm und 28 cm

MATERIAL
- 4 Pfostenstücke (Fichte oder Tanne), Querschnitt: 6 cm x 8 cm, Länge: 6 cm, 15 cm, 20 cm und 30 cm
- Pappelsperrholz, 8 mm dick, 3 x DIN A4
- Acrylfarbe in Gelb, Pastellgelb und Orange
- 6 Holzperlen in Schwarz, ø 6 mm
- Steckdraht, ø 1,5 mm
- Bohrer, ø 1,5 mm

VORLAGE
Bogen 1B

1 Die Vorlagen auf das Sperrholz übertragen und die Motive aussägen. Um bei manchen Gänsen und Küken die Innenfläche zwischen den Füßen heraussägen zu können, wird in die Innenfläche ein Loch (Durchmesser ca. 3 mm) gebohrt, das Sägeblatt an einer Seite der Säge gelöst, durch das Loch gesteckt und wieder an der Säge fixiert. Nun kann die Innenfläche herausgesägt werden. Dann die Ränder mit Schleifpapier glätten.

2 Jetzt die Küken und Gänse bemalen, wobei die Farbe unverdünnt aufgetragen wird. Das Gefieder der Gänse bleibt unbemalt.

3 Abschließend die Holzperlen halbieren (siehe „So wird's gemacht!") und als Augen aufkleben.

4 Alle Gänse und Küken, die auf einen Pfosten stehen sollen, an der Unterseite anbohren und jeweils ein Stück Steckdraht in das Bohrloch einstecken. Die Pfosten ebenfalls anbohren und die Motive aufstecken (siehe „So wird's gemacht!").

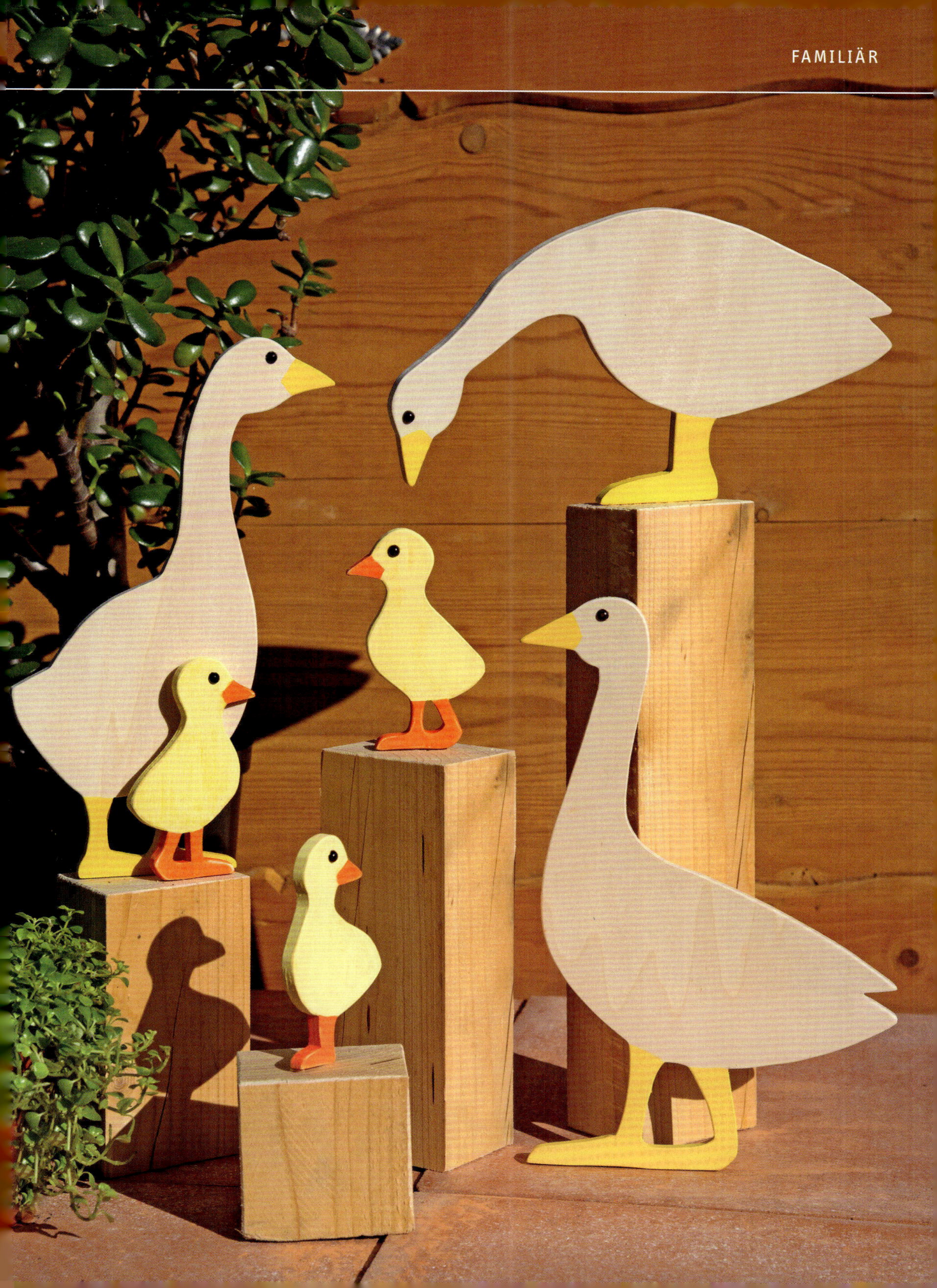

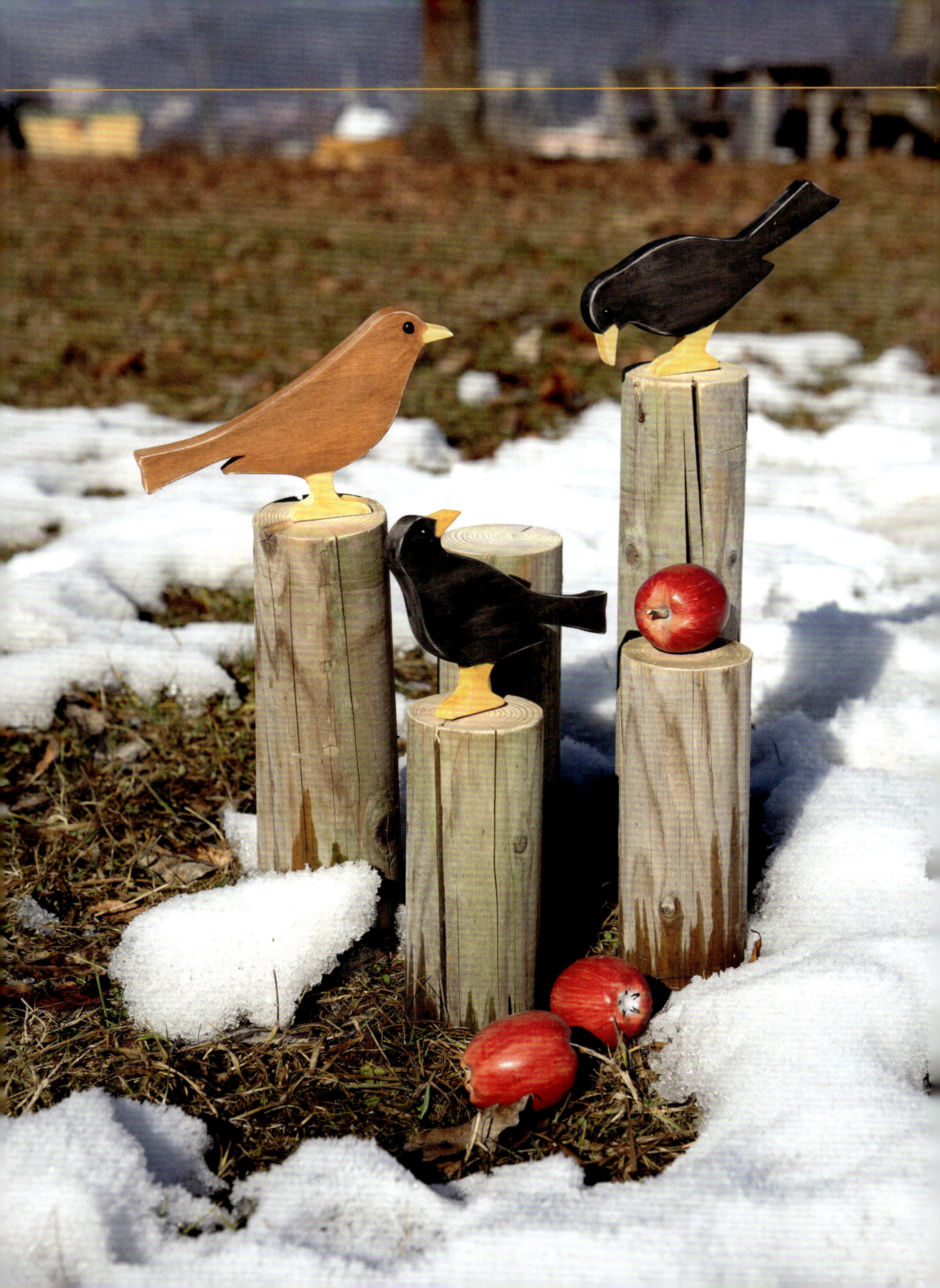

Amseln

das ganze Jahr treue Begleiter

1 Die Vorlagen auf das Sperrholz übertragen, die Amseln aussägen und die Sägeränder mit Schleifpapier glätten.

2 Zuerst den Schnabel und die Füße in Ocker bemalen. Nach dem Trocknen den Rumpf der Vögel hellbraun oder schwarz einfärben.

3 Für die Augen die Holzperlen halbieren (siehe „So wird's gemacht!") und aufkleben.

4 Die Amseln an der Unterseite anbohren und in jedes Bohrloch ein Stück Steckdraht einstecken. Nun die Pfosten ebenfalls anbohren und die Motive aufstecken (siehe „So wird's gemacht!").

MOTIVHÖHE
ca. 15 cm, 16 cm und 17 cm

MATERIAL

- 5 Pfostenstücke (Fichte oder Tanne), ø 7 cm, Länge: 16 cm, 18 cm, 22 cm, 25 cm und 32 cm
- Pappelsperrholz, 8 mm dick, 12 cm x 18 cm pro Amsel
- 3 Holzperlen in Schwarz, ø 6 mm
- Acrylfarbe in Hellbraun, Ocker und Schwarz
- Steckdraht, ø 1,5 mm
- Bohrer, ø 1,5 mm

VORLAGE
Bogen 2A

Hasenpaar

auf Ostereiersuche

MOTIVHÖHE
ca. 26 cm

MATERIAL

- Pfostenstück (Fichte oder Tanne), Querschnitt: 6 cm x 8 cm, Länge 40 cm
- Pfostenstück (Fichte oder Tanne), Querschnitt: 6 cm x 12 cm, Länge 46 cm
- Pappelsperrholz, 8 mm dick, 18 cm x 28 cm und 20 cm x 28 cm
- Pappelsperrholz, 4–6 mm dick, 2 x DIN A4
- Acrylfarbe in Hellbraun und Rot
- 2 Holzperlen in Schwarz, ø 6 mm
- Steckdraht, ø 1,5 mm
- Bohrer, ø 1,5 mm

VORLAGE
Bogen 2B

1 Die Vorlagen für die Hasen auf das dicke Sperrholz und die für die Tulpen auf das dünnere Sperrholz übertragen. Alle Motive aussägen und die Ränder mit Schleifpapier glätten.

2 Die Hasen sowie die Blätter und Blüten der Tulpen bemalen, wobei die Schwänze der Hasen unbemalt bleiben. Alles gut trocknen lassen.

3 Die halbierten Holzperlen (siehe „So wird's gemacht!") als Augen aufkleben.

4 Jetzt die Stängel der Tulpen mit dem Holzleim auf die Blattteile leimen und gut trocknen lassen.

5 Tulpen und Hasen an der Unterseite anbohren und jeweils ein Stück Steckdraht in das Bohrloch einstecken. Die Pfosten ebenfalls anbohren und die Motive aufstecken (siehe „So wird's gemacht!").

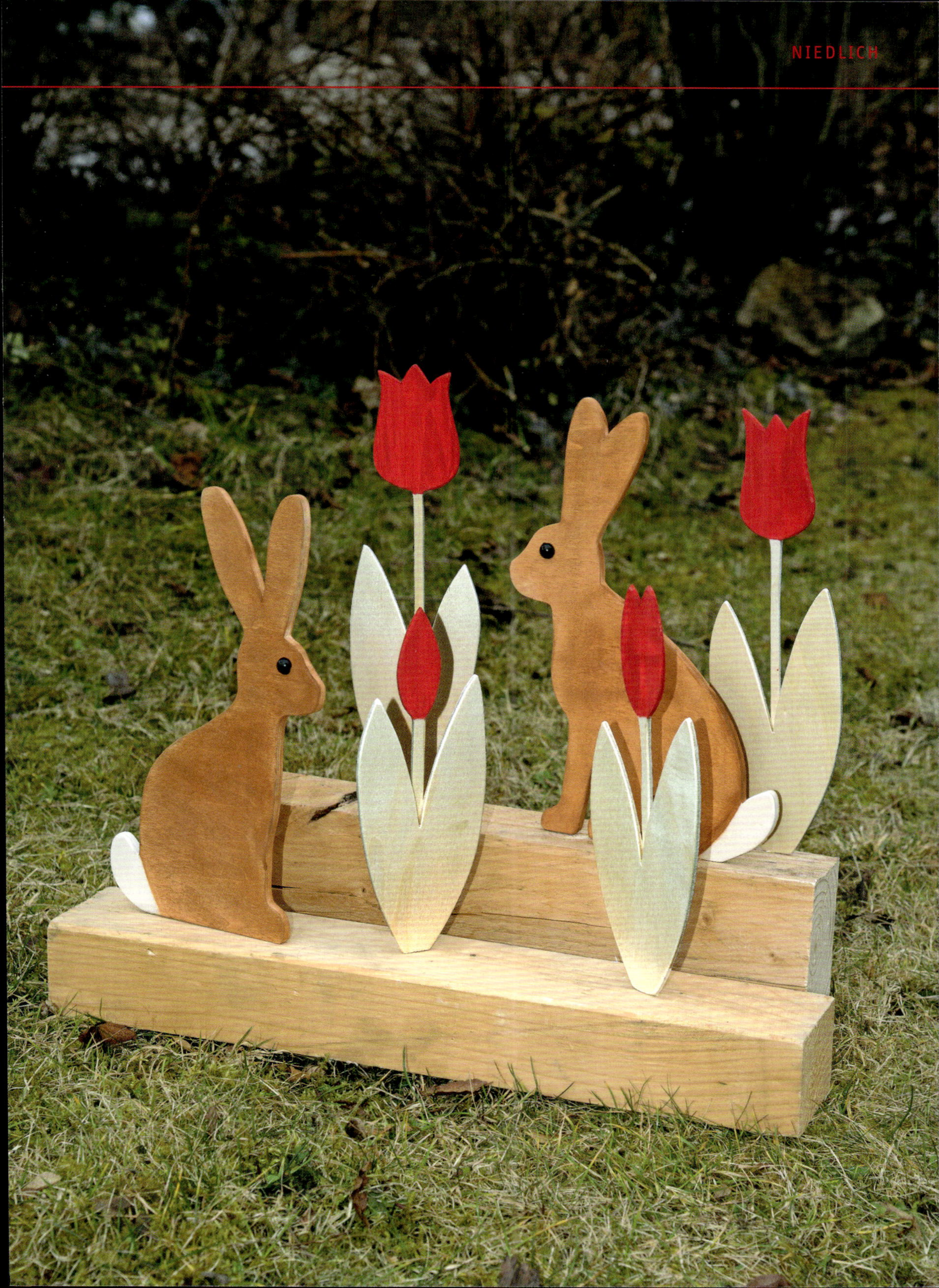

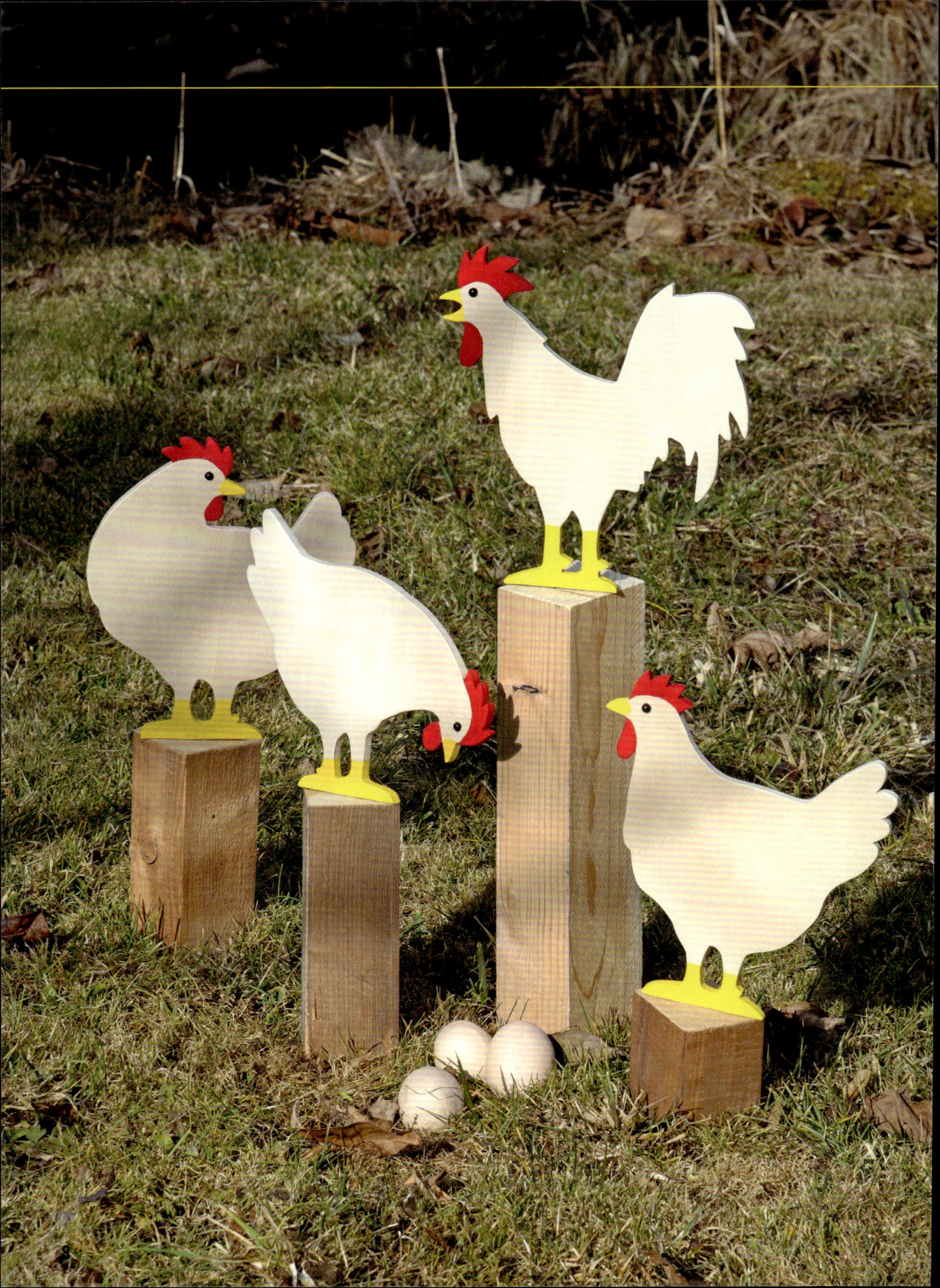

Hühnerfamilie

der Hahn (im Korb) und seine Hennen

1 Die Vorlagen übertragen und alle Motive aus dem Sperrholz aussägen. Um bei Hahn und Hühnern die Innenfläche zwischen den Füßen herauszusägen, wird in die Innenfläche ein Loch (Durchmesser ca. 3 mm) gebohrt, das Sägeblatt an einer Seite der Säge gelöst, durch das Loch gesteckt und wieder an der Säge fixiert. Nun die Innenfläche heraussägen und die Ränder mit Schleifpapier glätten.

2 Jetzt werden die Einzelteile bemalt. Dazu wird die Farbe unverdünnt auf Schnabel, Kamm und Füße aufgetragen, während das Gefieder unbemalt bleibt.

3 Abschließend noch die halbierten Holzperlen (siehe „So wird's gemacht!") als Augen aufkleben.

4 Alle Hühner an der Unterseite anbohren und jeweils ein Stück Steckdraht in das Bohrloch einstecken. Die Pfosten ebenfalls anbohren und die Motive aufstecken (siehe „So wird's gemacht!").

MOTIVHÖHE

Hühner ca. 18 cm und 21 cm

Hahn ca. 22 cm

MATERIAL

- 4 Pfostenstücke (Fichte oder Tanne), Querschnitt: 6 cm x 6 cm, Länge: 9 cm, 15 cm, 18 cm und 32 cm
- Pappelsperrholz, 8 mm dick, für alle Hühner 4x DIN A4
- Acrylfarbe in Gelb und Rot
- 4 Holzperlen in Schwarz, ø 6 mm
- Steckdraht, ø 1,5 mm
- Bohrer, ø 1,5 mm

VORLAGE

Bogen 1A

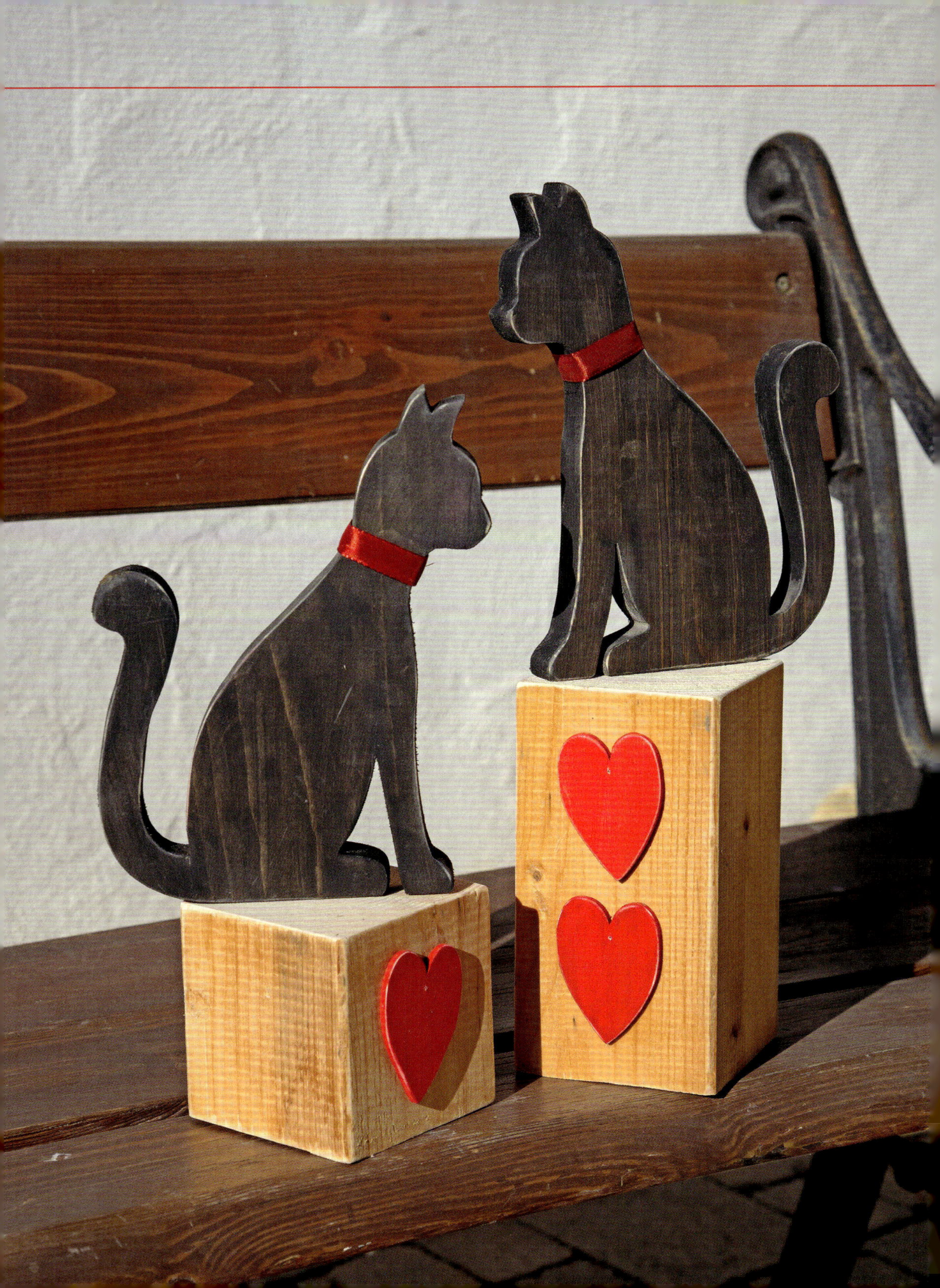

Katzen

beim Sonnenbaden

1 Die Vorlagen übertragen und die Katzen aus den Fichtenbrettern aussägen. Alternativ kann auch eine 8 mm oder 10 mm dicke Sperrholzplatte verwendet werden. Dieses lässt sich leichter aussägen und hat auch keine Äste.

2 Nach dem Aussägen und Glätten der Katze das Holz mit dem Schwamm anfeuchten und dann mit einem Schwämmchen die dunkelgraue oder schwarze Farbe auftragen.

3 Die Herzen aus dem Sperrholz aussägen, die Ränder mit Schleifpapier glätten und in Dunkelrot anmalen. Nach dem Bemalen die Ränder noch leicht anschleifen, damit das Holz durchscheint.

4 Das Stoff- oder Lederband um die Hälse der Katze legen. Anfang und Ende überlappen sich um ca. 3,5 cm. Hier kann entweder Klebstoff aufgetragen werden oder ein oder zwei kleine Nägel eingeschlagen werden.

5 Die Herzen werden auf die Pfosten geleimt, die Katzen sowie die Pfosten werden angebohrt und mit zwei Steckdrahtstücken aufgesteckt (siehe „So wird's gemacht!").

MOTIVHÖHE
ca. 22 cm

MATERIAL
- 2 Pfostenstücke (Fichte oder Tanne), Querschnitt: 10 cm x 10 cm, Länge: 10 cm und 20 cm
- Fichtenbrett ohne Äste, 2 cm dick, 22 cm x 25 cm (pro Katze)
- Pappelsperrholz, 4 mm dick, je 6 cm x 8 cm (pro Herz)
- Acrylfarbe in Dunkelrot und Dunkelgrau oder Schwarz
- Stoff- oder Lederband in Rot, 1,2–1,5 cm breit und 15 cm lang (pro Katze)
- Steckdraht, ø 1,5 mm
- Bohrer, ø 1,5 mm

VORLAGE
Bogen 1B

Schnecken

nehmen sich Zeit, die Blumen zu genießen

MOTIVHÖHE

Schnecken: ca. 8 cm und 9 cm

Blumen: ca. 19 cm und 24,5 cm

MATERIAL

- 2 Pfostenstücke (Fichte oder Tanne), Querschnitt: 6 cm x 8 cm, Länge: 20 cm und 27 cm
- Pappelsperrholz, 8 mm dick, 10 cm x 17 cm (pro Schnecke)
- Pappelsperrholz, 4 mm dick, 9 cm x 26 cm und 10 cm x 20 cm
- Acrylfarbe in Dunkelrot
- feiner wasserfester Filzstift in Schwarz
- 4 Holzperlen natur, ø 6 mm
- Steckdraht, ø 1,5 mm
- Bohrer, ø 1,5 mm

VORLAGE

Bogen 2A

1 Die Vorlagen für die Schnecken auf das dicke und die Vorlagen für die Blumen auf das dünne Sperrholz übertragen. Alle Teile aussägen und die Kanten mit Schleifpapier glätten. Die Schnecken werden zunächst als ein Teil ausgesägt, dann erst werden Schneckenhaus und Rumpf voneinander getrennt.

2 Die Schneckenhäuser und die Blüten in Dunkelrot anmalen und gut trocknen lassen. Dann mithilfe der Vorlage die Spirale bzw. die Trennlinie der Schneckenhäuser auf die Modelle übertragen und mit dem Filzstift nachzeichnen.

3 Nun den Rumpf der Schnecke von unten durchbohren und den Bohrer etwas zurückziehen. Dann das Schneckenhaus anlegen, den Bohrer wieder durchstecken und das Schneckenhaus anbohren. Jetzt den Steckdraht von unten einstecken; er reicht bis ins Schneckenhaus und fixiert es so. Unten wird der überstehende Steckdraht auf 2 cm gekürzt (siehe „So wird's gemacht!").

4 Für die Fühler an der Kopfoberseite jeder Schnecke im Abstand von ca. 0,5 cm zwei leicht schräge Löcher bohren. Jeweils ein 4 cm langes Stück Steckdraht einstecken. Jetzt die Holzperlen mit Klebstoff ausfüllen und auf den Draht stecken.

5 Die separat ausgesägten Blütenmitten aufleimen. Die Blumen entweder auf das Pfostenstück leimen oder mit der Heißklebepistole fixieren.

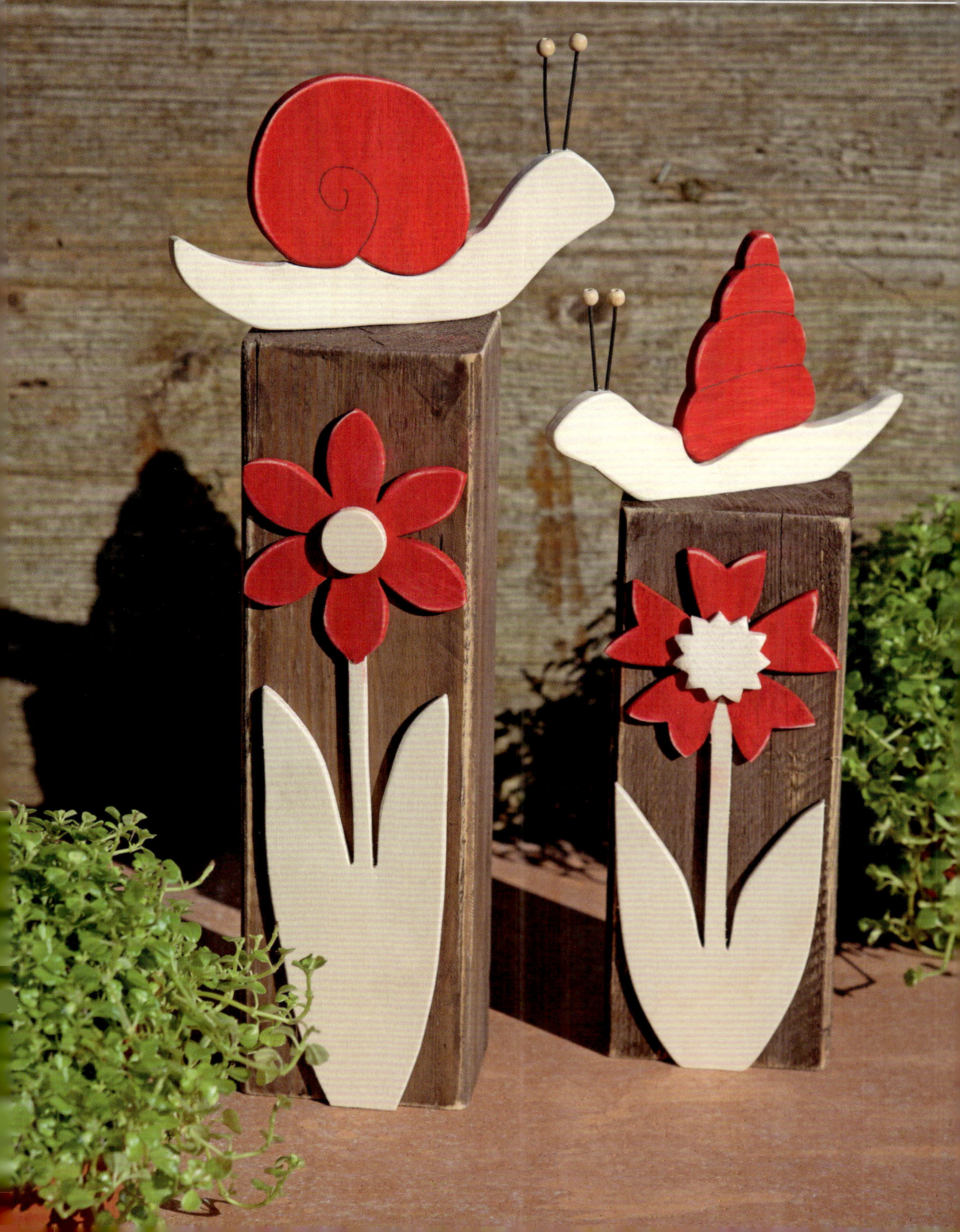

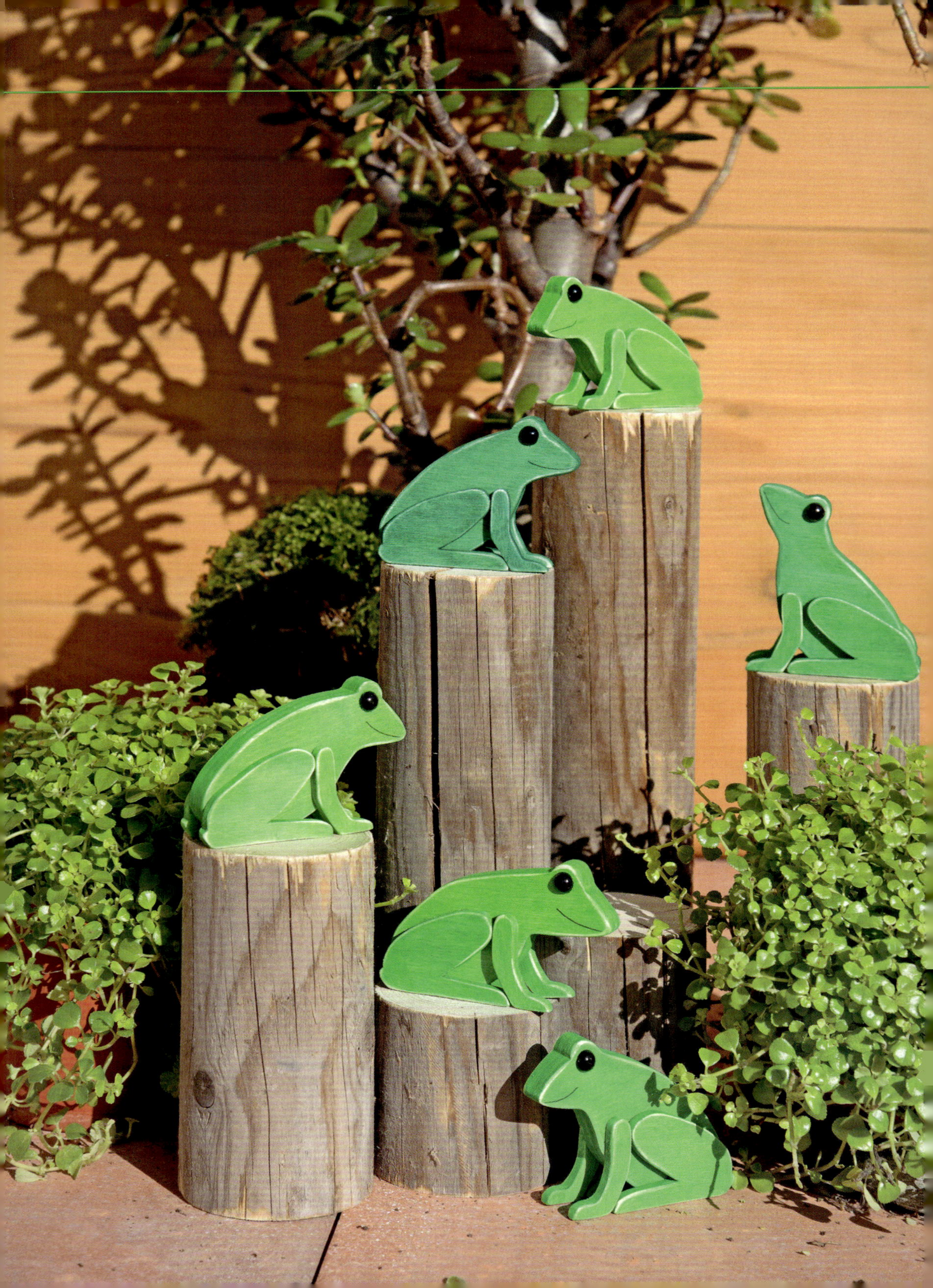

Frösche

Quak, quak!

1 Die Vorder- und Hinterbeine sind bei allen Fröschen gleich und werden pro Frosch jeweils doppelt aus dem dünnen Sperrholz ausgesägt. Die Körper aus dem dicken Sperrholz zusägen und bei allen Teilen die Kanten mit Schleifpapier glätten.

2 Aus der grünen und der dunkelgrünen Acrylfarbe unterschiedliche Grüntöne mischen und die Frösche bemalen.

3 Nun die Hinterbeine mit dem Holzleim am jeweiligen Rumpf befestigen. Sie bilden mit der geraden Standfläche des Froschrumpfs eine Linie. Wenn der Leim getrocknet ist, werden die Vorderbeine angebracht.

4 Nun die halbierten Holzperlen (siehe „So wird's gemacht!") als Augen fixieren und die Mundlinien mit dem Filzstift aufmalen.

5 Alle Frösche an der Unterseite des Rumpfes anbohren und jeweils ein Stück Steckdraht in das Bohrloch einstecken. Die Pfosten ebenfalls anbohren und die Motive aufstecken (siehe „So wird's gemacht!").

MOTIVHÖHE

ca. 5,5 cm, 6 cm und 8 cm

MATERIAL

- 6 Pfostenstücke (Fichte oder Tanne): ø 7 cm, Länge: 7 cm, 9 cm, 13 cm, 17 cm, 22 cm und 28 cm
- Pappelsperrholz, 8 mm dick, 8 cm x 10 cm (pro Frosch)
- Pappelsperrholz, 4 mm dick, 10 cm x 10 cm (pro Frosch)
- Acrylfarbe in Grün und Dunkelgrün
- feiner wasserfester Filzstift in Schwarz
- 6 Holzperlen in Schwarz, ø 6 mm
- Steckdraht, ø 1,5 mm
- Bohrer, ø 1,5 mm

VORLAGE

Bogen 1B

Eidechsen

genießen die Sonnenstrahlen

MOTIVHÖHE
ca. 15 cm und 20 cm

MATERIAL
- Pfostenstück (Fichte oder Tanne), Querschnitt: 8 cm x 14 cm, Länge: 44 cm
- Holzstück mit Rinde, ca. 9 cm x 18 cm
- Pappelsperrholz, 8 mm dick, 14 cm x 18 cm und 10 cm x 21 cm
- Acrylfarbe in Dunkelbraun
- Steckdraht, ø 1,5 mm
- Bohrer, ø 1,5 mm

VORLAGE
Bogen 1A

1 Die Vorlagen übertragen und die Eidechsen aus dem Sperrholz aussägen. Aufgrund ihrer schmalen Finger und Zehen sind sie von allen Motiven in diesem Buch wohl die größte Herausforderung, also gehen Sie am besten vorsichtig mit ihnen um.

2 Die ausgesägten Eidechsen werden an den Sägerändern mit Schleifpapier geglättet. Dann werden sie mit einem Schwämmchen angefeuchtet und mit verdünnter Farbe dunkelbraun bemalt, wofür ebenfalls ein Schwämmchen verwendet wird. Zwischen den Fingern und Zehen die Farbe mit dem Pinsel auftragen.

3 Das Holzstück mit Rinde im Abstand von ca. 6 cm zweimal anbohren und Steckdraht einstecken. Den Pfosten ebenfalls anbohren und das Holzstück aufstecken (siehe „So wird's gemacht!"). Zusätzlich kann auf der Pfostenoberseite Leim aufgetragen werden.

4 Die Eidechsen entweder zwischen den Schulterblättern durchbohren und mit einem Steckdrahtstück an den Pfosten stecken (siehe „So wird's gemacht!") oder mit Holzleim oder der Heißklebepistole fixieren.

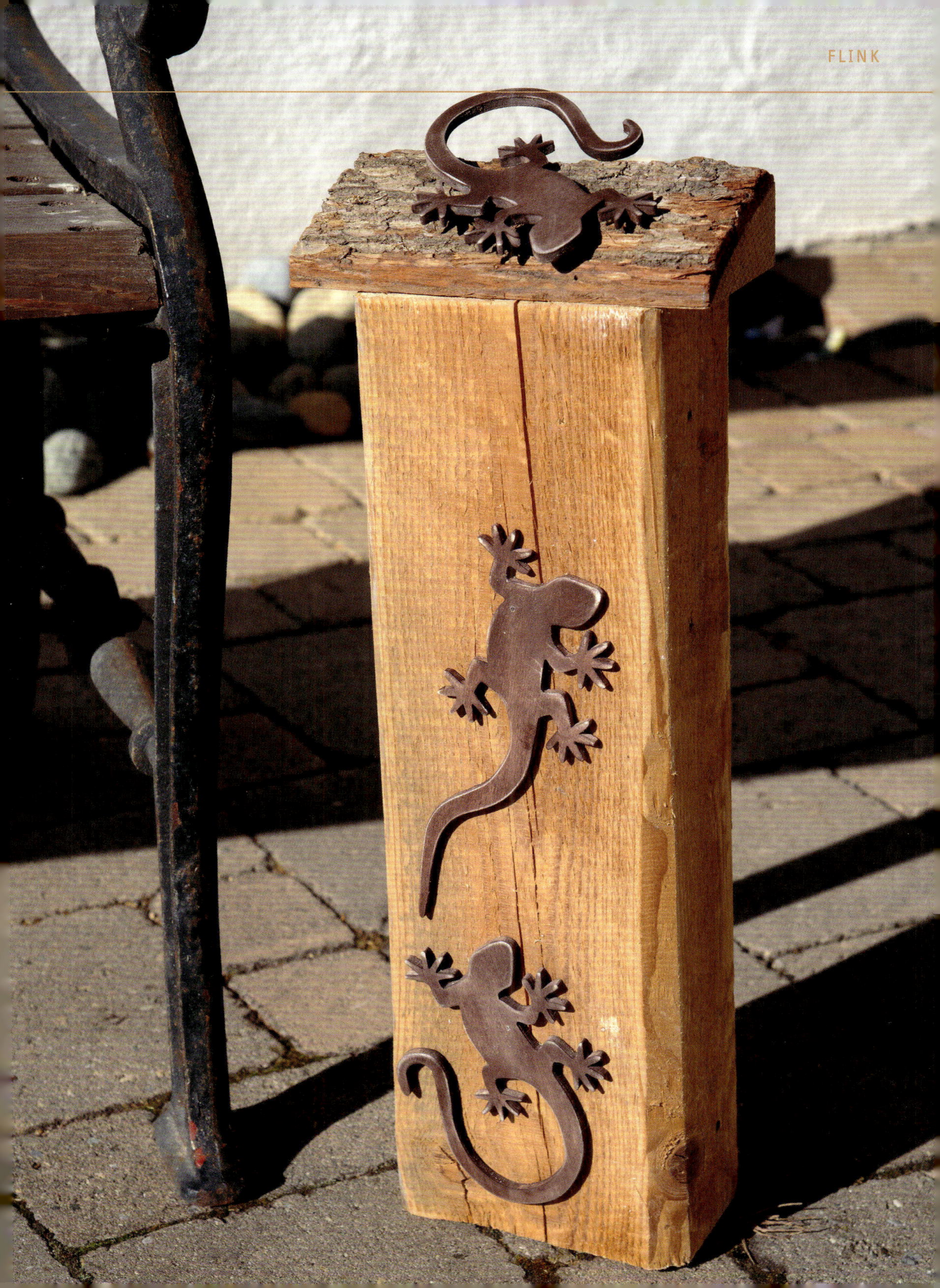

Eichhörnchen

immer auf der Suche nach Nüssen

MOTIVHÖHE
ca. 11 cm und 20 cm

MATERIAL
- 5 Pfostenstücke (aus einem geraden Aststück): ø ca. 7 cm, Länge: 12 cm, 15 cm, 22 cm, 29 cm und 33 cm
- Pappelsperrholz, 8 mm dick, 14 cm x 18 cm und 16 cm x 21 cm
- Pappelsperrholz, 4 mm dick, 10 cm x 10 cm (pro Eichhörnchen)
- Acrylfarbe in Hellbraun und ggf. Schwarz
- 2 Holzperlen in Schwarz, ø 6 mm
- Steckdraht, ø 1,5 mm
- Bohrer, ø 1,5 mm

VORLAGE
Bogen 2A

1 Den Rumpf aus dem dicken Sperrholz und die Beinpaare aus dem dünnen Sperrholz aussägen und die Sägeränder mit Schleifpapier glätten.

2 Dann alle Motivteile hellbraun bemalen. Alternativ etwas schwarze Farbe in die hellbraune mischen und ein Eichhörnchen dunkelbraun anmalen.

3 Nach dem Trocknen die halbierten Holzperlen (siehe „So wird's gemacht!") als Augen aufkleben.

4 Beim aufrechten Eichhörnchen werden zuerst die Hinterbeine angebracht. Weil der Schwanz relativ groß und schwer ist, kann es zu Gleichgewichtsproblemen kommen. Sobald die Vorderbeine angebracht sind, sollte es im Gleichgewicht stehen. Spätestens, wenn es am Pfosten befestigt ist, hält es auf jeden Fall.

5 Beim anderen Eichhörnchen ist ebenfalls das Positionieren der Beine von Bedeutung. Auf der verkleinerten Zeichnung auf dem Vorlagenbogen ist ersichtlich, dass die Beine so angebracht werden, dass der Schwanz an einer Stelle am Pfosten anliegt und die Rückseite der Hinterbeine etwa mit der senkrechten Linie des Pfostens abschließt. Wo genau die Beine dafür befestigt werden müssen, probieren Sie am besten direkt an ihrem Pfosten aus.

6 Zuletzt beide Eichhörnchen am Rumpf von unten anbohren und den Steckdraht einstecken. Auch die Pfosten anbohren (am besten schon beim Ankleben der Beine die passende Position markieren) und die Eichhörnchen darauf befestigen (siehe „So wird's gemacht!").

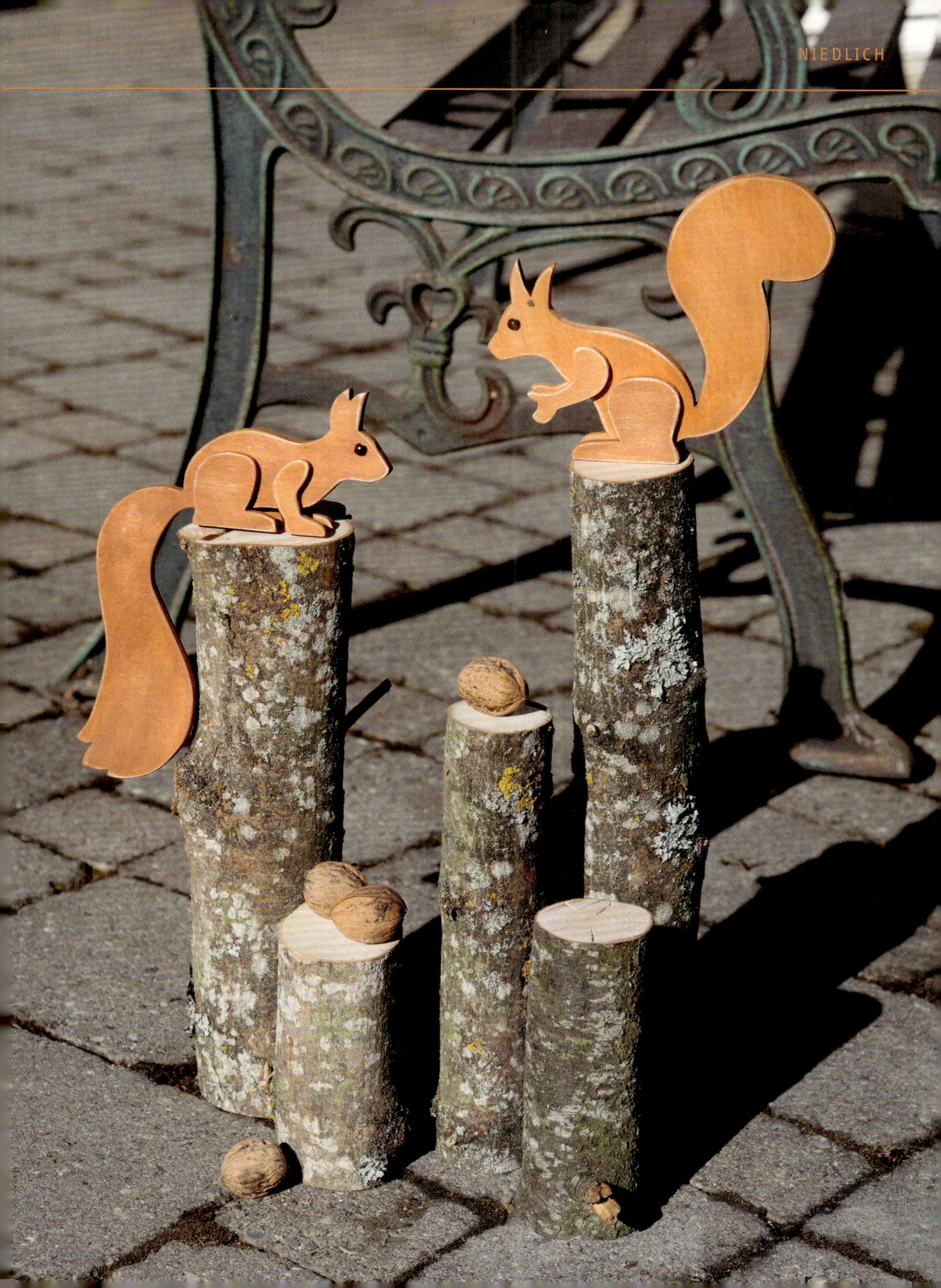

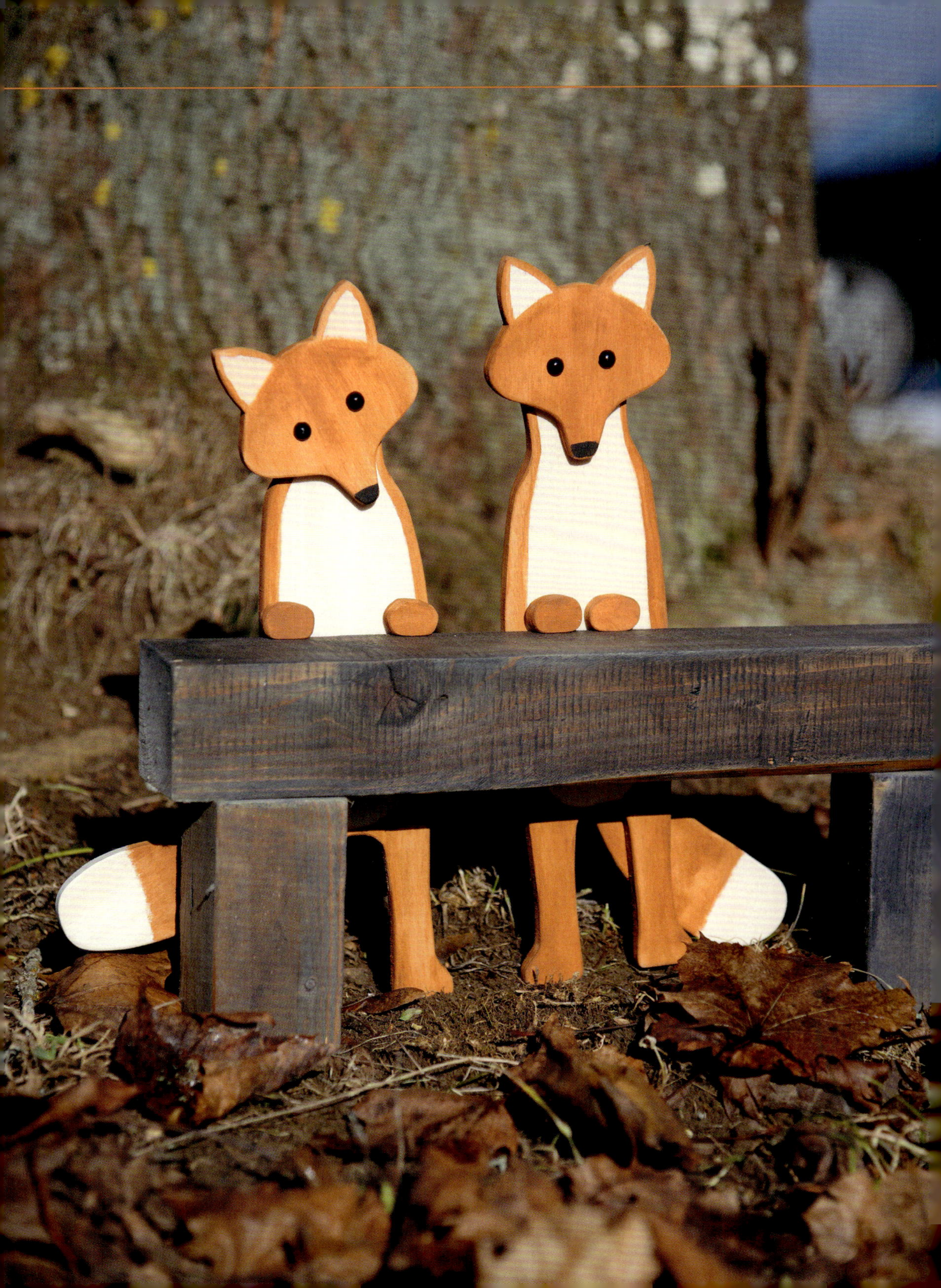

Füchse

clevere Kerlchen

1 Die Vorlagen auf das Sperrholz übertragen, alle Teile aussägen und die Ränder mit Schleifpapier glätten. Beide Füchse haben dieselben Vorlagen. Kopf, Pfoten und Schwanz werden in unterschiedlichen Positionen am Rumpf angeleimt.

2 Nun die Füchse bemalen. Dabei Ohrinnenflächen, Schwanzspitzen sowie die Brust- und Bauchflächen aussparen. An den Köpfen noch die schwarzen Nasen aufmalen.

3 Damit sich die Füchse gut von dem Pfosten abheben, werden die Pfostenstücke dunkel eingefärbt. Dazu das Holz zuerst anfeuchten und dann mit einem Schwämmchen dunkelbraune oder schwarze Farbe auftragen.

4 Kopf und Schwanz von vorne bzw. von hinten am Rumpf anleimen. Die Pfoten werden erst am Rumpf angeleimt, wenn der Fuchs aufrecht hinter dem quer verlaufenden Pfostenstück auf den Hinterbeinen steht. So sind sie leichter zu platzieren.

MOTIVHÖHE
ca. 29 cm

MATERIAL
- 3 Pfostenstücke (Fichte oder Tanne), Querschnitt: 6 cm x 6 cm, Länge: 35 cm und 2x 12 cm
- Pappelsperrholz, 8 mm dick, 30 cm x 18 cm (pro Fuchs)
- Acrylfarbe in Hellbraun und Schwarz
- 2 Holzperlen in Schwarz, ø 8 mm
- Steckdraht, ø 1,5 mm
- Bohrer, ø 1,5 mm

VORLAGE
Bogen 1B

Hirschköpfe

schauen aus dem Unterholz

MOTIVHÖHE
ca. 18 cm und 7 cm

MATERIAL
- 2 Pfostenstücke (Fichte oder Tanne), Querschnitt: 6 cm x 8 cm, Länge: 16 cm und 25 cm
- Pappelsperrholz, 8 mm dick, 22 cm x 22 cm
- Pappelsperrholz, 4 mm dick, 9 cm x 9 cm (pro Blatt)
- Acrylfarbe in Hellbraun, Dunkelbraun, Ocker und Schwarz
- 2 Holzperlen in Schwarz, ø 8 mm
- Steckdraht, ø 1,5 mm
- Bohrer, ø 1,5 mm

VORLAGE
Bogen 1A

1 Die Vorlagen für die Hirschköpfe auf das dickere und die Vorlagen für die Blätter auf das dünnere Sperrholz übertragen. Alle Teile aussägen und die Kanten mit Schleifpapier glätten.

2 Die Köpfe hellbraun einfärben, wobei das Geweih ausgespart wird. Anschließend noch die schwarze Nase aufmalen. Als Augen die halbierten Holzperlen aufkleben (siehe „So wird's gemacht!“). Die Ahornblätter können statt ockerfarben auch grün angemalt werden.

3 Die Pfostenstücke dunkelbraun oder, mit etwas Wasser verdünnt, schwarz anmalen.

4 Die Köpfe und die Blätter auf den Pfostenstücken anleimen oder mit der Heißklebepistole fixieren.

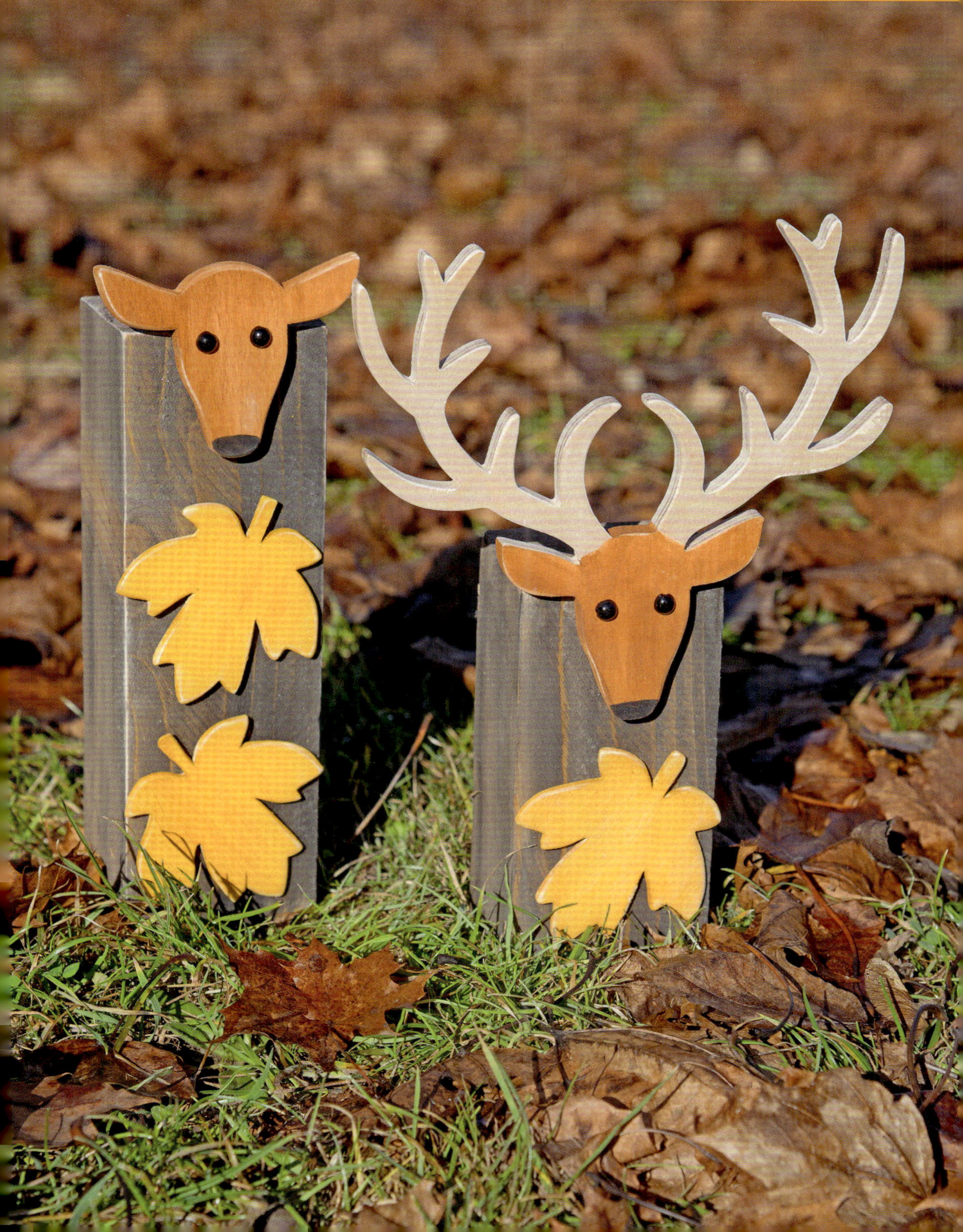

Igelfamilie

auf Pilzsuche

MOTIVHÖHE

IGEL
ca. 6 cm und 8,5 cm

PILZE
ca. 5 cm, 7 cm, 10 cm und 11 cm

MATERIAL

- Pfostenstück (Fichte oder Tanne), Querschnitt: 6 cm x 6 cm, Länge: 40 cm
- Pfostenstück (Fichte oder Tanne), Querschnitt: 8 cm x 14 cm, Länge: 38 cm
- Pappelsperrholz, 8 mm dick, 8 cm x 12 cm und 11 cm x 18 cm

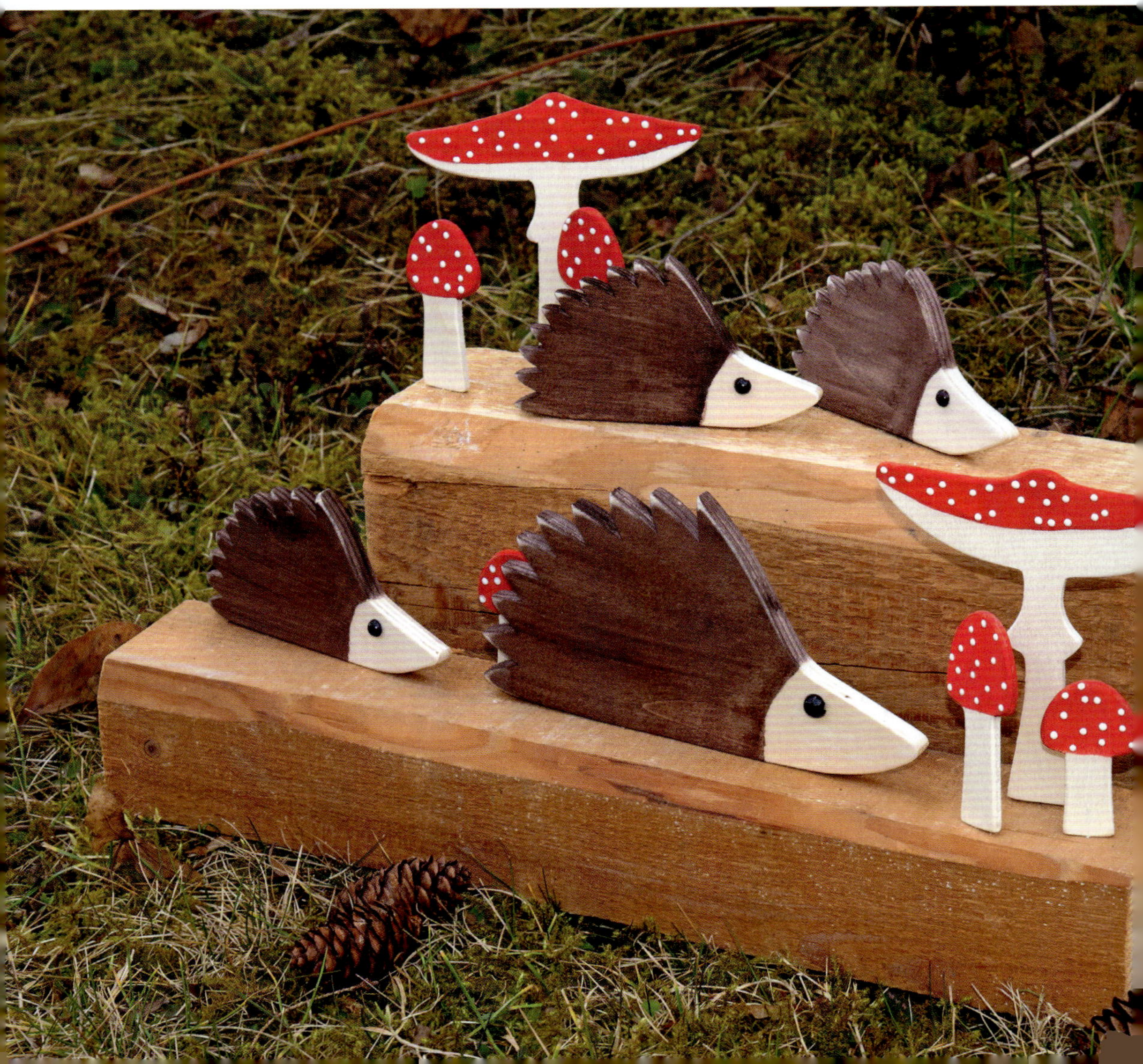

- Pappelsperrholz, 4–6 mm dick, 15 cm x 20 cm
- Acrylfarbe in Dunkelbraun, Dunkelrot und ggf. Weiß
- Lackstift in Weiß
- 4 Holzperlen in Schwarz, ø 6 mm
- Steckdraht, ø 1,5 mm
- Bohrer, ø 1,5 mm

VORLAGE
Bogen 2B

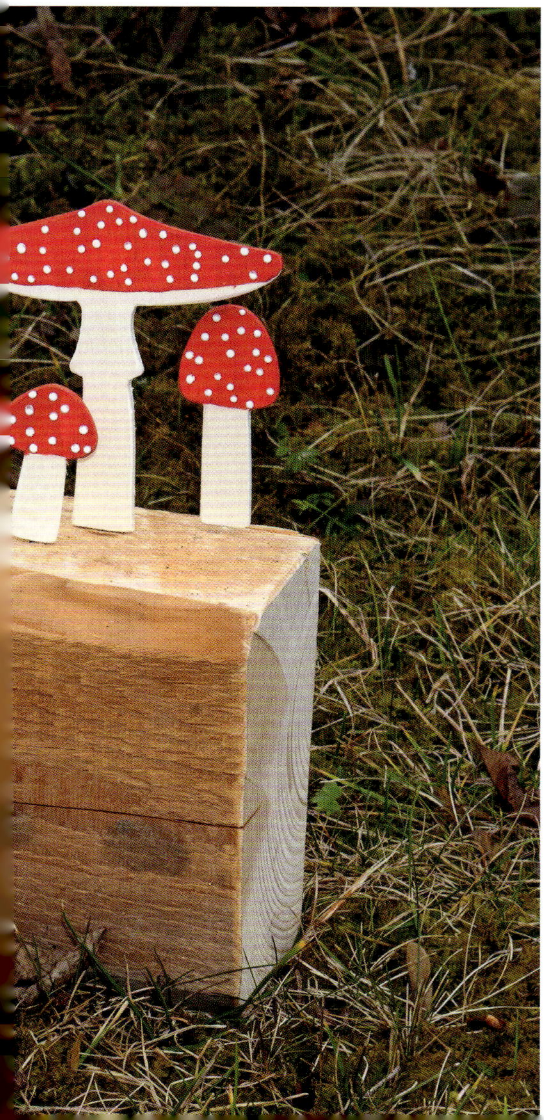

1 Die Igel aus dem dicken und die Pilze aus dem dünnen Sperrholz aussägen und die Kanten mit Schleifpapier glätten.

2 Igel und Pilze bemalen, dabei die Köpfe der Igel aussparen. Alternativ können die Igelköpfe auch hellbraun eingefärbt werden. Dafür einfach etwas weiße Acrylfarbe zur dunkelbraunen mischen. Bei den geschlossenen Pilzhüten wird jeweils der ganze Hut rot bemalt, bei den geöffneten Pilzhüten nur die obere Hälfte, sodass unten weiße Lamellen entstehen.

3 Nach dem Trocknen auf die roten Pilzhüte mit dem Lackstift in unregelmäßigen Abständen Punkte auftupfen. Den Igeln die halbierten Holzkugeln (siehe „So wird's gemacht!") als Augen aufkleben.

4 Die Stachelspitzen mit dem Schleifpapier so stark anschleifen, dass keine Farbe mehr da ist und die Stacheln etwas angespitzt sind.

5 Igel und Pilze von unten anbohren und jeweils ein Stück Steckdraht in das Bohrloch einstecken. Die Pfosten ebenfalls anbohren und die Motive aufstecken (siehe „So wird's gemacht!").

Elche

aus dem hohen Norden

MOTIVHÖHE
ca. 19,5 cm

MATERIAL
- 2 Pfostenstücke (Fichte oder Tanne), Querschnitt: 5 cm x 15 cm, Länge: 30 cm und 54 cm
- Fichtenbrett ohne Äste, 2 cm dick, je 20 cm x 24 cm
- Pappelsperrholz, 4 mm dick, 12 cm x 30 cm und 22 cm x 55 cm
- Acrylfarbe in Dunkelbraun
- 2 Holzperlen in Schwarz, ø 12 mm
- Steckdraht, ø 1,5 mm
- Bohrer, ø 1,5 mm

VORLAGE
Bogen 2B

1 Die Vorlage für die Elchköpfe auf das Fichtenbrett übertragen und aussägen. Dann die Kanten mit Schleifpapier glätten. Statt des Fichtenbretts kann natürlich auch eine 8 mm oder 10 mm dicke Sperrholzplatte verwendet werden. Diese lässt sich leichter sägen und hat zudem keine Äste. Die beiden Tannen aus dem Sperrholz aussägen und ebenfalls die Ränder glätten.

2 Nun den Kopf bemalen, wobei das Geweih ausgelassen wird. Wenn Sie die Pfostenstücke ebenfalls bemalen wollen, feuchten Sie das Holz an und tragen Sie dann mit einem Schwämmchen die dunkelbraune Farbe auf. Alles gut trocknen lassen.

3 Die Holzperlen in der Mitte spalten und die Hälften beidseitig als Augen aufkleben (siehe „So wird's gemacht!").

4 Die kleine und die große Tanne werden entweder auf die Pfostenstücke geleimt oder mit kleinen Drahtstiften fixiert.

5 Abschließend die Elchköpfe jeweils zweimal von unten anbohren und ein Stück Steckdraht in jedes Bohrloch einstecken. Die Pfosten ebenfalls anbohren und die Motive aufstecken (siehe „So wird's gemacht!").

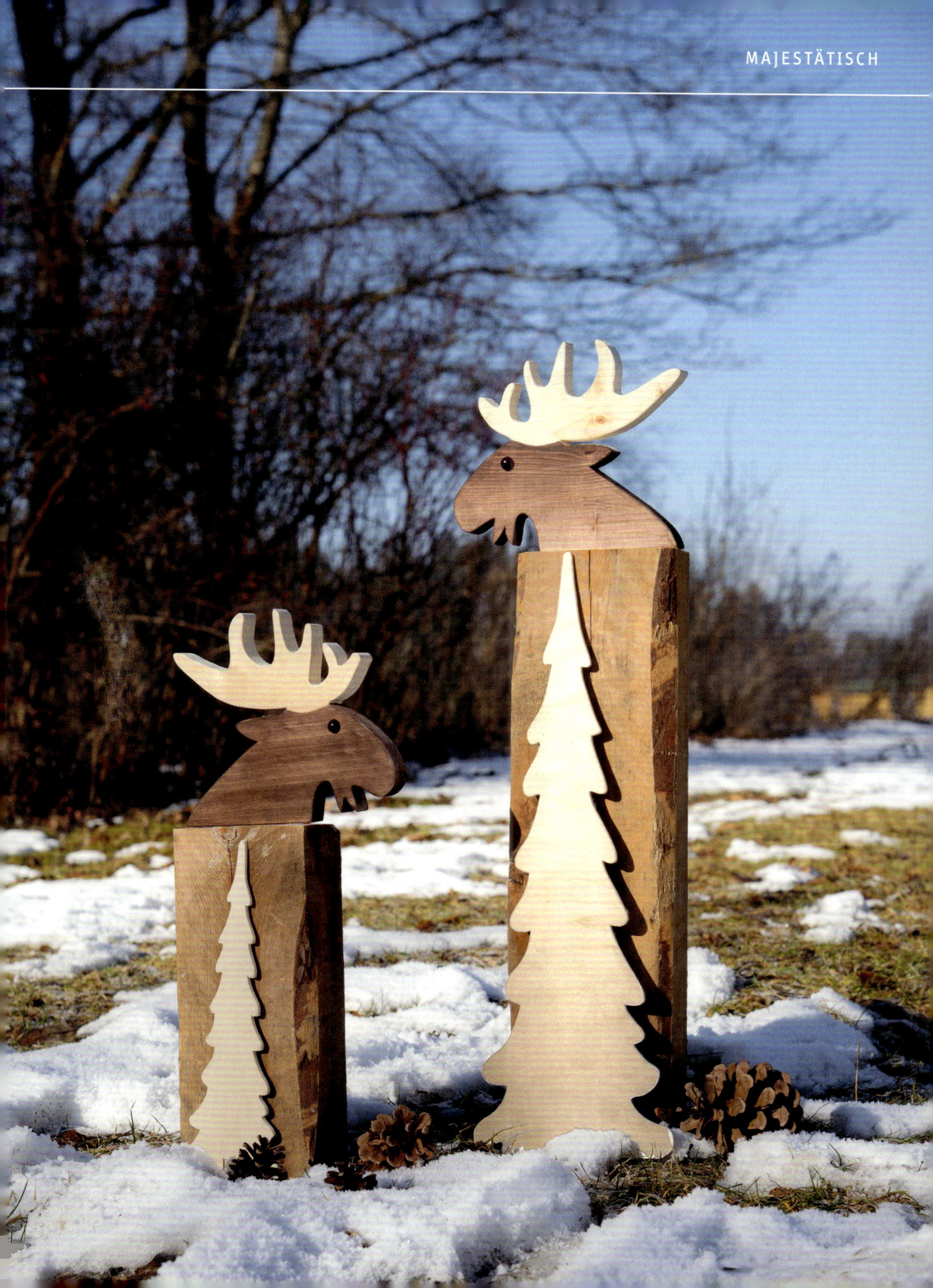

Käuzchen

genießen die langen Nächte

MOTIVHÖHE
ca. 12 cm

MATERIAL
- 2 Pfostenstücke (Fichte oder Tanne), Querschnitt: ca. 6 cm x 8 cm, Länge: 12 cm und 20 cm
- Pappelsperrholz, 8 mm dick, 10 cm x 14 cm
- Rest Pappelsperrholz, 4 mm dick
- Acrylfarbe in Hellbraun, Dunkelbraun und Dunkelgrau
- 2 Holzperlen in Schwarz, ø 6 mm
- Steckdraht, ø 1,5 mm
- Bohrer, ø 1,5 mm

VORLAGE
Bogen 1A

1 Den Rumpf und die Füße aus dem dickeren Sperrholz aussägen, die anderen Teile aus dem dünneren Sperrholz. Beachten Sie, dass der winzige Schnabel und die gleichmäßig runden Augenteile eventuell Übung erfordern.

2 Bei allen Motivteilen die Sägeränder mit Schleifpapier glätten. Dann wie auf dem Foto bemalen.

3 Beim Ankleben der Füße darauf achten, dass die Standflächen vom Rumpf mit denen der Füße eine Linie bilden.

4 Dann die Flügel und das Stirndreieck anbringen und die halbierten Holzperlen (siehe „So wird's gemacht!") auf die unbemalten runden Augenteile kleben. Die kompletten Augen auf den Kopf kleben.

5 Beide Pfosten mit Dunkelgrau bemalen. Dazu das Holz zuerst anfeuchten und dann mit einem Schwämmchen die Farbe auftragen.

6 Mond und Sterne mit Holzleim oder der Heißklebepistole auf den Pfosten befestigen.

7 Beide Käuzchen von unten anbohren und jeweils ein Stück Steckdraht in das Bohrloch einstecken. Dann die Pfosten ebenfalls anbohren und die Motive aufstecken (siehe „So wird's gemacht!").

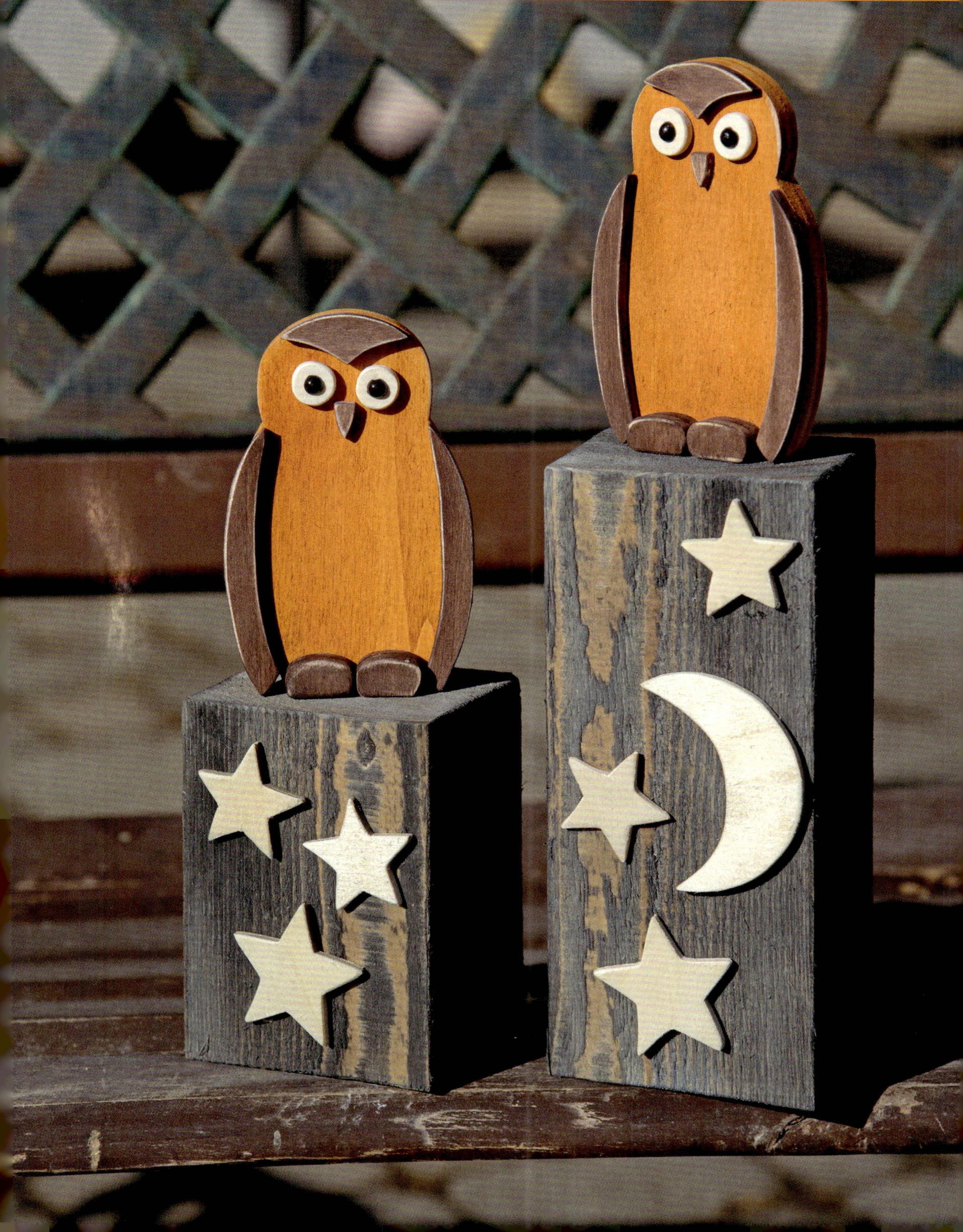

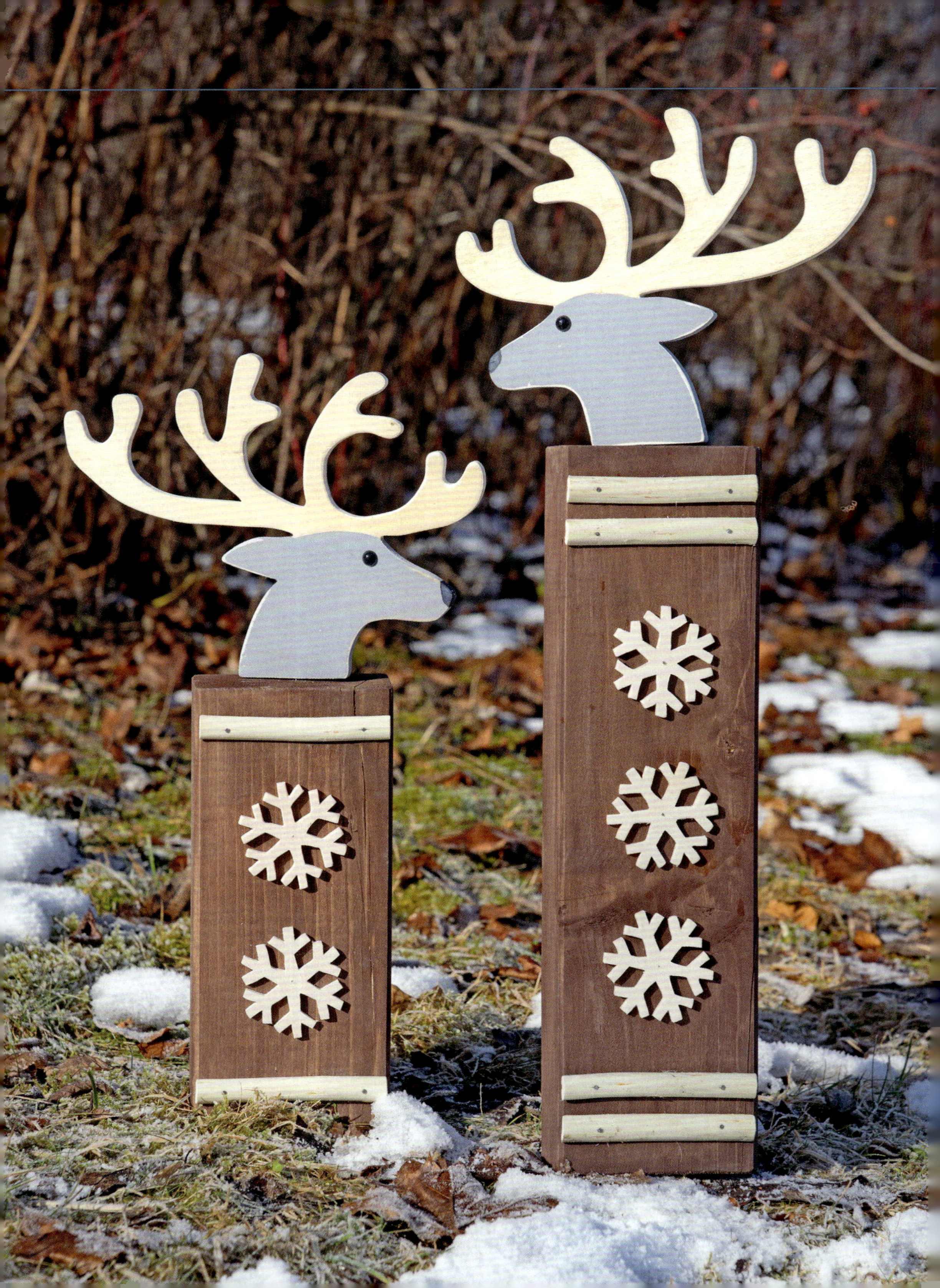

Rentiere

... und Weihnachten kann kommen!

1 Die Vorlagen für die Rentierköpfe auf das dickere und die Vorlagen für die Schneekristalle auf das dünnere Sperrholz übertragen. Nach dem Aussägen die Kanten mit Schleifpapier glätten.

2 Jetzt die Köpfe bemalen und dabei das Geweih auslassen. Die Schneekristalle bleiben ebenfalls unbemalt.

3 Dann die Hälften der Holzperlen (siehe „So wird's gemacht!") als Augen aufkleben. Zusätzlich die Nase schwarz anmalen.

4 Das Pfostenstück zuerst anfeuchten und dann mit dem Schwämmchen dunkelbraune Farbe auftragen.

5 Die frische Weidenrute in 12 cm lange Stücke sägen, der Länge nach spalten und die Rinde abschaben. Dann die geschälten Weidenrutenstücke mit jeweils zwei Drahtstiften auf das Pfostenstück nageln.

6 Anschließend die Schneekristalle an die Pfosten leimen oder nageln.

7 Beide Rentierköpfe je zweimal von unten anbohren und jeweils ein Stück Steckdraht in die Bohrlöcher einstecken. Dann die Pfosten ebenfalls anbohren und die Motive aufstecken (siehe „So wird's gemacht!").

MOTIVHÖHE

ca. 19,5 cm

MATERIAL

- 2 Pfostenstücke (Fichte oder Tanne), Querschnitt: 6 cm x 12 cm, Länge: 28 cm und 44 cm
- Pappelsperrholz, 8 mm dick, 21 cm x 28 cm (pro Rentier)
- Pappelsperrholz, 4 mm dick, 8 cm x 8 cm (pro Schneekristall)
- 3 Weidenrutenstücke, ø ca. 1,2 cm und 12 cm lang
- Acrylfarbe in Grau, Dunkelbraun und Schwarz
- 2 Holzperlen in Schwarz, ø 8 mm
- 12 Drahtstifte, 1,5 cm lang
- Steckdraht, ø 1,5 mm
- Bohrer, ø 1,5 mm

VORLAGE

Bogen 2A

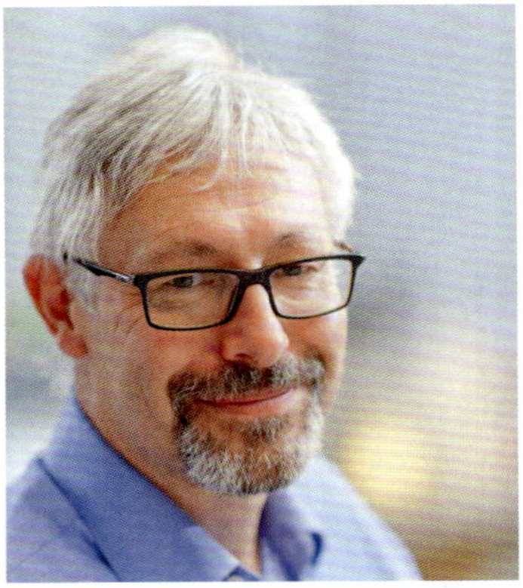

Armin Täubner lebt mit seiner Familie auf der Schwäbischen Alb und ist seit über 25 Jahren als ungemein vielseitiger Autor für den frechverlag tätig.
Eigentlich ist er Lehrer für Englisch, Biologie und Bildende Kunst. Durch seine Frau, die unter ihrem Mädchennamen Inge Walz noch heute Bücher zu den verschiedensten Techniken im frechverlag veröffentlicht, kam der Allrounder zum Büchermachen. Zweifelsohne ein Glücksfall für die kreative Welt! Es gibt fast kein Material, das Armin Täubners Fantasie nicht beflügelt, und kaum eine Technik, die er sich nicht innerhalb kürzester Zeit aneignet.

DANKE!

Der Autor dankt der Firma Rayher Hobby GmbH, Lampheim, für die freundliche Bereitstellung von Materialien.

TOPP – Unsere Servicegarantie

WIR SIND FÜR SIE DA! Bei Fragen zu unserem umfangreichen Programm oder Anregungen freuen wir uns über Ihren Anruf oder Ihre Post. Loben Sie uns, aber scheuen Sie sich auch nicht, Ihre Kritik mitzuteilen – sie hilft uns, ständig besser zu werden.

Bei Fragen zu einzelnen Materialien oder Techniken wenden Sie sich bitte an unseren Kreativservice, Frau Erika Noll.

mail@kreativ-service.info
Telefon 07 11 / 123 757 20

Das Produktmanagement erreichen Sie unter:

pm@frechverlag.de
oder:
frechverlag
Produktmanagement
Turbinenstraße 7
70499 Stuttgart
Telefon 07 11 / 8 30 86 68

LERNEN SIE UNS BESSER KENNEN! Fragen Sie Ihren Hobbyfach- oder Buchhändler nach unserem kostenlosen Magazin **Meine kreative Welt.** Darin entdecken Sie dreimal im Jahr die neuesten Kreativtrends und interessantesten Buchneuheiten.

Oder besuchen Sie uns im Internet! Unter **www.topp-kreativ.de** können Sie sich über unser umfangreiches Buchprogramm informieren, unsere Autoren kennenlernen sowie aktuelle Highlights und neue Kreativtechniken entdecken, kurz – die ganze Welt der Kreativität.

Kreativ immer up to date sind Sie mit unserem monatlichen **Newsletter**. Für aktuelle Infos, Gratis-Anleitungen und Gewinnspiele gleich anmelden unter www.TOPP-kreativ.de/Newsletter

IMPRESSUM

FOTOS: frechverlag GmbH, 70499 Stuttgart; Armin Täubner
PRODUKTMANAGEMENT UND LEKTORAT: Lisette Bremer und Bianca Drotleff
SATZ: Tatjana Ströber
DRUCK: Tiskárna Grafico s.r.o., Tschechische Republik

5. Auflage 2022

ISBN 978-3-7724-4279-7 • Best.-Nr. 4279